갈사기 다이아몬드 같은 별을 한 아름 안고 있는

목소리 깊은 곳에서 오일러 특수점에 귀엽건가,

하늘의 뜬 구름을 이불삼아 잠꼬대 이얘기.

술의 취해도 메일 벌리받이 놓여

쥐인 한 새가슴 펜과 잉크를 쓴다. 시인 없지않으니 내부리지 위서

사행시초 2

| 강우식 시력 50주년 기념시집 |

사행시초 2

강우식 시집

고요아침

■ 지은이로부터

1963년에 사행시초를 시단에 처음 선 보이고
1966년 〈현대문학〉으로 등단
1974년에 첫 시집 『사행시초』를 펴냈다.
50년도 넘는 세월이 흘렀다.

감정이란 재생이 아닌 줄을 알면서도
50년 전에 쓴 첫 시집 『사행시초』의 작품들을 근간으로
50년 후에 다시 써보는
시적 감정의 재생 현상, 나는
그 차이가 어떻게 나타나는지 보고 싶었다.
심리학자들은 이런 심리를 무엇이라 하나.
그러나 이런 시를 써본다는 자체도 의도적이지만
나의 능력이고 세계에서 최초의 시도라 생각하니
이 짓도 괜찮은 것이라 마음먹는다.
시는 이래서 일생의 소일거리다.

편의상 새로 쓴 시를 앞에 놓았다.

2015년 01월 15일 새벽 06시 05분
果山 강우식 적다

■ 차례

■ 지은이로부터　　　　　　　　　　05

사과 껍질　　　　　　　　　　　　13
정　　　　　　　　　　　　　　　　14
노을　　　　　　　　　　　　　　　15
달　　　　　　　　　　　　　　　　16
낙엽　　　　　　　　　　　　　　　17
쑥　　　　　　　　　　　　　　　　18
신방　　　　　　　　　　　　　　　19
바다　　　　　　　　　　　　　　　20
먹 도적놈　　　　　　　　　　　　21
가을 거지　　　　　　　　　　　　22
눈물　　　　　　　　　　　　　　　23
꽃　　　　　　　　　　　　　　　　24
사내　　　　　　　　　　　　　　　25
춘삼월　　　　　　　　　　　　　　26
동저고리　　　　　　　　　　　　　27
기쁨　　　　　　　　　　　　　　　28
바람감각　　　　　　　　　　　　　29
사랑 병　　　　　　　　　　　　　30
가난　　　　　　　　　　　　　　　31
잠자리　　　　　　　　　　　　　　32
봄 풀잎　　　　　　　　　　　　　33
거머리　　　　　　　　　　　　　　34
뱀　　　　　　　　　　　　　　　　35

다복솔 눈썹	36
오지그릇	37
초록그늘	38
초록빛 향유	39
속병	40
살아갔던 일들	41
꿈	42
수세미	43
여자들	44
매듭	45
멧돼지	46
넋두리	47
첩약	48
골방	49
병치레	50
파계승	51
눈길	52
갈매기 글씨	53
집	54
눈물사리	55
울음	56
능수버들	57
유성	58
석화	59
이마	60
붉게 붉게	61
무겁한량	62
산사	63
언어	64

떨림	65
김치	66
늙은 사랑	67
입술연지	68
그 여자	69
나이	70
풀벌레	71
바람	72
목침	73
생애	74
저승	75
햇볕	76
사랑 구멍	77
풀잎	78
썩는 것에 대하여	79
술	80
구름	81
제일강산	82
미안	83
천명	84
보름달	85
시름	86
여자	87
정자	88
사랑	89
미련	90
숲	91
몽돌	92
눈길	93

하늘	94
방	95
나무	96
버스	97
동백꽃	98
인연	99
배꼽	100
정	101
동백낙화	102
봄잠	103
네팔	104
봄바람	105
봄	106
하늘바다	107
인간 예수	108
아내	109
아버지	110
가을 백치	111
마음	112
궁상	113
모기	114
하소연	115
부끄러움	116
전설	117
물불	118
윈도우 브러시	119
매미	120
내일	121
천국	122

눈 발자국	123
가을비	124
가을바람	125
누항사陋巷詞	126
시귀詩鬼	127
사과	128
밥	129
탁발	130
눈	131
사색	132
아파트 1층	133
새집	134
창경궁	135
바다	136
팔	137
투수	138
불꽃	139
장미	140
해빙	141
술버릇	142
첫눈	143
해동	144
■ 여적餘滴	145
■ 문학연보 및 약력	151

사행시초 2

사과 껍질

껍질이 없다. 부끄럽게도 어느새 다 벗겨진 채
우리 내외는 세상모르고 천둥벌거숭이로 살았다.
땡볕에 쪽박신세로 나앉은 비탈길.
아내에게 시집 올 때 껍질 몇 개 부탁할 걸 그랬다.

하나

내외여, 우리들의 방은 한 알의 사과 속 같다.
아기의 손톱 끝인 듯 해맑은 햇볕 속
누가 이 순수한 외계의 안쪽에서
은밀하게 짜 올린 속살 속의 우리를 알리.

정

내 사랑의 마술이 다 풀렸는지 아내는 그만 목숨 줄 놓았다.
천만 길 벼랑 끝으로 동백꽃 내 심장도 떨어졌다.
죽음은 인력으로 붙잡아서 될 일이 아니지만
이리도 아득한 봄날인 것은 우리네 사는 정 때문이다.

둘

순이의 혓바닥만한 잎새 하나
먼 세상이나 내다보듯
초록의 큰 물굽이를 넘어와
짝진 머슴애의 얼굴을 파랗게 쳐다보네.

노을

하늘 끝이 저물 때까지 가보자고 한 사랑이 있었다.
나는 어찌하여 그런 여자를 버리고 핏빛 절규로
의지할 벽도 없이 함몰하는 외길을 가며
황홀한 몰락을 꿈꾸는 돌짐 진 죄수가 되었는지요.

셋

화사한 잔치로 한 마을을
온통 불길로 휩쓸 것 같은 노을이 타면
그 옛날 순이가 자주 얼굴을 묻던
내 왼쪽 가슴팍에 새삼 고여 오르는 쓰린 눈물이여.

달

밀물 썰물 할퀸 어머니의 배는 시달려 와서 성스럽다.
무엇이 되고 싶은 것도 없이 사신 당신을 뵐 때마다
속마음으로 울었던 것은 어떻게 평생을 자식들 보살피며
무명옷 행보로 살다 달처럼 기울 수 있느냐는 것이었다.

넷

계집년들의 배때기라도 올라타듯
달이 뜬다. 젖 물 같이 젖어오는
저 빛살들은 내 어머니의 사랑방 같은 데서
얼마나 묵었다 시방 오는가.

낙엽

죽으면 밤하늘의 별이 되고 싶은 사람들은 많아도
낙엽처럼 살다 죽고 싶은 이는 없다.
왜 그럴까. 낙엽은 바람에 휘불리어서
어디로 가는지 모르게 사라지기 때문일까.

다섯

낙엽은, 한 여자가 생리일에 꾸겨버린 색종이처럼
나뭇가지에 매달려 있다. 가을날
무덤 속같이 생각이 깊어버린 여자 곁에서
사랑이여, 우리가 할 일이라곤 하나도 없다.

쑥

봄이 와 다시 태어난다면 쑥으로나 자랄까나.
천출이면 어떠냐. 어디든 가리지 않고 쑥대머리로
남이야 손가락질하건 비웃건 뜯들이지 말고
미친놈처럼 세상 웃으며 네 활개 치며 살아볼거나.

여섯

밤마다 배꼽 위에 쑥 한 점 떼어놓고
오뉴월 땡볕 같은 젊음을 뜸 들였거늘
꽃피는 거 다 큰물 맞듯이 겪고 나면
넋이야 괴로울 거 하나 없는 황토 되겠네.

신방

내 일생의 첫 손꼽을 후회의 하나는 첫날밤부터
신부의 사랑도 모르고 황초 불빛 살만 비빈 것이었다.
살 지방을 넘다가 음란하다고 문을 박찼으면
다홍재로 내려앉은 일편단심 그 사랑을 보았을 텐데.

일곱

저승에 가서도 신방 꾸밀 줄 아는 이
참으로 몇이나 될까마는, 전생의
내 꿈의 전부는 마음속 깊은 시름까지
다 주어버릴 여자를 만나는 일이었네.

바다

일생 내조를 해왔어도 아내의 고마움 모르듯이
바다를 끼고 살면서도 내 마음에 있는 줄 몰랐다.
어느 날 파도가 몽땅 인생을 다 보따리 싸 가버리자
늘 술 취한 듯 비틀대던 마음이 바다임을 알게 되었다.

여덟

친구여, 물먹은 관 속에 누워 있듯이
계집 때문에 계집 때문에
마음 괴로운 날엔 바다엘 가자.
가서는 초록의 물잎새 되어 떠다니자.

먹 도적놈

술에 취해서 오월의 보리밭에 누워
하늘의 뜬 구름을 이불 삼아 잔 적이 있지.
무슨 꿈을 꾸었는지 몰라. 먹 도적놈이 되었던가.
갑자기 다이아몬드 같은 별을 한 아름 안고 있으니.

아홉

달뜨는 밤마다 뼈 속에 사무치는 정이야
보리밭 이랑을 매고도 남아
계집은 있어도 집이 없는 나이에
사내 녀석들은 보리밭에서 살았네.

가을 거지

아무리 흉허물 없는 사이라 해도 가려 할 것이 있다.
부부가 그러하다. 언젠가 하도 화가 머리끝까지 나서
아내에게 뱉어서는 안 될 말을 했더니 말이 씨가 되었다.
그 죄 받아서인지 나는 지금 적수공권 가을 거지다.

열

오동나무 잎사귀만큼이나 많은
여자를 사귀어 본 사람들은 알리.
낙엽 지듯 떠나간 여자들로 하여
텅 빈 가슴에 가을이 오고 있음을…

눈물

온 날을 가을이라고 운 적이 있다면 믿겠는가.
가을 강가에서 어느 날 낯을 씻다가 눈물이 났다.
울음은 설움을 올올이 푸는 것이 아니라
방울방울 낳는 것임을 나는 처음으로 알았다.

열하나

온 날을 죄처럼 끓어오르는
지야의 웃음결 같은 햇살일래.
우리가 살아서 남아 있던 눈물일랑
귓속말하듯 다 풀어버릴 봄날일래.

꽃

집사람이 없는 안방은 불이 꺼진 지 오래다.
지상에서 가장 쓸쓸한 내 가슴 같은 방이 되었다.
늘 열맷 살 햇살로 찰랑대던 여자는 어디 갔느냐.
캄캄 어둠 속에서 핀 따뜻한 등불이던 꽃은 어디 있느냐.

열둘

미친년들의 엉덩짝만큼이나 흔들리는
꽃나무 가지마다 바람이 불어 오며는
열맷 살씩 되는 소녀 애들
속 가랑이 벌리듯 꽃이 피네.

사내

뻘기 속 같은 여자를 두고도 투전판을 싸돌아다녔다.
밤이면 타들어가는 등잔불의 심지 같았던 아내.
끝내는 애간장이 타다 터져 숨이 끊겼다.
사내는 그것이 아파 술 취해 난장 치다 명을 다했다.

열셋

사내 녀석들은 모두 골패짝 만지듯
한평생을 여자와 살아가네.
뻘기 속 같은 자식을 낳아 기르며
꽃 보듯이 꽃 보듯이 살아가네.

춘삼월

해감하듯 초록꽃망울 오르는 춘삼월이란다.
차가운 살 얼음장 깨고 발을 담그고 싶은
사내들은 뭐가 그리 좋은지 여자만 보면 미친 듯
멧돼지처럼 내닫고 싶은 발정 난 삼월이란다.

열넷

춘삼월 버들개지 같은 사내의
하이얀 발가락 속 틈 사이로
간지럽게 훑고 있는 아지랑이는
울 서방님 환장한 입김 같으이.

동저고리

값나가는 유명 브랜드는 아니어도 그것 못지않은
어머니의 따스한 품 같은 목화솜들로 채운 향수가 있다.
이 옷 하나면 옛날에는 동지섣달 설한풍도 잘 견디고
하룻밤 자고 나면 이웃도 몰라보게 키가 커졌다.

열다섯

한 줄의 시도 없이 배암처럼
동면하는 십이월이여.
우리가 살아가는 세상일들은
내 동저고리 속같이 따스하다.

기쁨

첫아이를 가지고 낳았던 기쁨 같은 걸
오래 간직하고 새기려 하였으나
우리 내외는 생의 어느 물굽이에선가 다 잊고 말았다.
가을 산성을 돌아오는 메아리도 사라져버렸다.

열여섯

텅 빈 가을 산성을 돌아오는 메아리같이
늙으신 우리 어머니의 말씀은
모두 눈물로 트이어서 낭랑히
국화꽃 줄거리 같은 목청으로 오르내리고…

바람감각

몸만이 아니라 감정도 늙는다는 걸
시를 써 보면서 알았다. 젊은 날로 돌아가려 하나
옛날처럼 감각이 따라주지 않는구나.
황포 돛대 끝에 휘휘 말려오는 바람이 될 수 없구나.

열일곱

세상의 모든 일들은 술잔 엎듯이 쉽지 않고
살아가다 살아가다 아주 어렵게 되면
황포 돛대 끝에 휘휘 말려오는 바람이나 되어
이 물녘에서 나도 한 번 울어봤으면, 지야여.

사랑 병

누구에게도 줄 수 없는 병이었다.
밤새 새우등 뜬눈으로 지새며 끙끙 거렸다.
혼자만이 세상 다 산 듯 힘겹던 사랑 병.
다시 한 번 젊음이 와서 앓고 싶다.

열여덟

초록 같은 거, 잠 안 와 밤새 뒤척이며 앓아쌓는
잎새 같은 거, 곱게 모두어 살풀이하듯
하늘 위에 바람 위에 다 주어버리면
뉘가 사랑 때문에 또 병든다 하리오.

가난

가난했지만 옛날에는 모두 잘 견디고 살았다.
불가촉천민처럼 가난이 당연한 것으로 여겨졌다.
천지사방을 둘러봐도 돈 부자보다 다 마음부자뿐이었다.
하루살이 고달파도 잠이 잘 오던 판자 집이었다.

열아홉

틀이 같은 초승달이 한 개만 떠서
한 돈이나 한 돈 반쯤이면 맑게 웃을
초하루나 이튿날의 내 가난한 계집의 꿈은
긴긴 겨울밤을 뜬눈으로 새우네.

잠자리

청명한 가을 하늘에 접붙어 나는 잠자리에 눈을 주며
혼인 비행 못해 본 지난 세월을 떠올린 적이 있다.
요즈음에는 서정도 양물洋物 들어 플래시몹, 버킷리스트…
이런 단어들로 연명하려고 배우고 익히기에 바쁘다.

스물

칠월의 초록 하늘을 곱게 짝하여
한 닷새쯤, 처가댁이라도 댕겨 오는가.
교미하며 나는 날개를 지닌 잠자리여.
저승 사는 이의 놀음을 보는 것 같다.

봄 풀잎

다 잊어버렸다. 봄 풀잎 하나라도 가진 게 없다.
너무나도 나는 초라해졌다. 뭐든지
없어서 빈손인 거보다 있어서 더 가난이 못 박혔다.
어디 가서 살아가는 약을 찾을 수 있으랴.

스물하나

십오야 둥그렇게 달뜬 날 밤에
젖물 나듯 잦은 눈물로 살은 가시내.
봄 풀잎 하나라도 약될 거 같아
주인도 없이 아기를 낳네.

거머리

미나리 속이나 뒤져야 있으려나. 생각이 나는
왕십리에서도 이동한 미나리꽝은 어디로 갔나요.
내 피를 빨던 파릇한 여자들은 무엇 하나요.
드라큘라의 생 잇자국 핏빛 상처 선연한 내 젊음이여

스물둘

내 가슴속 찰거머리 같던 계집아이여.
너마저 낙엽 지듯 떠나버리면
내사 잠 아니 오는 가을빛 세상을
더러는 아무 생각 없이 살다 가겠다.

뱀

백담사 승방에서 요양하면서도 피가 들끓어
천리 먼 길 애인을 불러서는 날밤을 새운 날 아침에
나는 한 마리 뱀이 아무 소리도 없이 스르륵 기어서는
바위 속에 들어가 부처님 바위가 되는 것을 보았다.

스물셋

스물 난 더운 핏줄로 계집을 꼬여
보리밭서 희희대듯이 오월바람은
달싹이는 혓바닥으로 핥는 것 같아
배암처럼 비비꼬이는 알몸이여.

다복솔 눈썹

다복솔 눈썹에도 눈이 쌓이어
길이 끊겨 못 오는 애인 마중으로 문밖을 나서다
마음은 보내고 몸은 문풍지로 떨며 몸살 앓는
눈발 속 시린 무릎, 제풀에 사랑도 하얗게 늙어갔다.

스물넷

햇살도 내려오다 젖어드는 가락이 되듯
가야금 중머리나 중중머리의 산조가 되듯
서리 묻은 내 계집의 다복솔 눈썹.
그 그늘은 하느님도 아시어 별들이듯 하네.

오지그릇

구수한 된장찌개 뚝배기였다가
늙어 자주 병이 들어서는 약탕관 같았던 여자여.
비우면 차고 차면 비우던 일상이 그대와 함께였나니.
마음에 파릇한 새싹 돋게 봄비 잦아들듯 끓어보아라.

스물다섯

바다여, 때 묻히며 질들이던 오지그릇처럼
우리 내외의 살결을 팔월 땡볕에 타다 익네.
이 물녘선 살아가다 찌들은 사연도 박하 잎처럼
싱그럽고, 난 그대 얼굴을 새사람 보듯이 했네.

초록그늘

서방님, 초록 그늘 아래 그네를 매주세요.
바람 치마를 타고 그대 품속까지 가고 싶어요.
저승길이래도 날아가서는 손목을 잡고 오고 싶어요.
봄바람에 실린 가슴에도 마마자국 같은 꽃 돋았으니까요.

스물여섯

봄날 풀잎 햇살 쐬듯, 내 꿈은 젖어
연초록색 그늘로 덮이네.
새삼 늙어서야 조금 사랑을 알 듯한
몇 송이 꽃으로 피고픈 마음 위에.

초록빛 향유

크리스마스 무렵이었던가. 처녀였던 아내는
이 가난한 대학생에게 선물을 받고 싶다고 했다.
신발을 삼아 달라면 삼아도 줄 연애시절이라 사준 향수.
그 초록빛 향유를 바르고 나에게 처음 몸을 주었다.

스물일곱

춘삼월 새살 돋이 하는 잎사귀처럼
밤새도록 내 곁에서 뒤척이던 가시내.
그대 살결을 초록빛 향유로 젖어 있고
나는 사랑 때문에 조금은 앓고 있었다.

속병

사랑은 병이다. 그 병 안 앓아본 사람 어디 있으랴.
아프면서도 누구를 사랑한다는 일 하나로 행복했다.
더러 잠 아니 오는 밤에는 한 잔의 술을 걸치고
산에선 죽고 싶다 실토하고 바다에 들러서는 그립다 울었다.

스물여덟

못 앓아본 속병이란 하나도 없는
마음 잃어 실성한 때의 나의 바다여.
상갓집 뜨락에서 술맛 배우듯
우리들의 영혼은 푸른 하늘 그 뜻대로 살아왔느니.

살아갔던 일들

그렇다. 견디고 이겨냈던 일들이 이제는
느릅나무, 향나무, 이깔나무들처럼 떠오른다.
신혼 무렵 다니던 회사도 목 날리고
당장 목구멍 풀칠에 피 마르던 걱정도 꽃처럼 피어난다.

스물아홉

느릅나무, 향나무, 이깔나무들
계집같이 안 잊히는 때는 어느 때인가.
백일홍, 복숭아 꽃숭어리들
가슴 결에 피어나는 때는 어느 때인가.

꿈

꿈이 없었으면 어이 살았을까. 젊음을 되돌아보면
생의 전부는 꿈이 생시가 되는 일이었다.
그중에서 죽을 때까지 가자던 사랑 꿈이 제일 컸지만
아내와의 신혼 몇 해로 다 물거품이 되었다.

서른

꿈에서 뵈옵는 연꽃 같은 부인의 살내음과
내 아내도 똑같을 때가 있습니다만
꿈과 생시의 정을 주고받는 일 중에서
어느 것이 참마음인지 모르겠습니다.

수세미

헤어진 애인이 나름 열심히 살다 좀 쉴 만하니
어머니가 쓰러졌다. 그 모친 병수발 받다가 이승을 뜨자
이번에는 내가 몸져누웠다. 살던 정이 있어 거두었다.
늙도록 그녀 얼크러진 수세미보살이라 하네.

서른하나

수세미처럼 얼크러진 머리를 가진
나무여, 낙엽 지듯 삭발하고
속세를 떠난 여자 때문에 나도
가을 내내 가슴 아픈 적이 있었다.

여자들

내 곁에서 아내가 사라지자 끼어든 여자들
그녀들이 입 모은 한결같은 말. 이 몸이 병들어 누우면
하던 일 죄다 접어두고 수발들겠다는 것이었다.
그런데 그 철석같던 계집들 다 신발 거꾸로 신었다.

서른둘

천년 묵은 능구렁이처럼 돋은
내 서러운 핏줄 위에는
한약 냄새가 나는 계집의 손이
죽음과 같이 남아서 내 손맥을 짚고 있느니.

매듭

봄은 오는 줄로만 알았더니 가기도 하더이다.
산수유지자 자목련 얼굴 내밀었다 사라지고
봄 눈발 부끄럽게 동백 위에 쌓이다 꾀꼬리 울음 따라 녹고
매듭짓고 싶어도 자연은 순리대로 왔다가더이다.

서른셋

이승에 살아서 우리가 꿈꾸어 본 거
한 잎 연잎 자리 위에서 인양 참말로
모다 인연의 큰 물굽이로 삼기까지는
어느 머리 올 하나에도 매듭지지 않고…

멧돼지

칠월 홍싸리 밭의 멧돼지처럼 다른 짓은 못해도
자식들이나 많이 거느리고 살 줄 알았는데
그저 문밖만 나서면 작폐질이라고 아내에게
졸지에 부지깽이만도 못한 남정네로 강등되고 말았다.

서른넷

질속으로 들어갔다 나오며
한숨 한번 놓고 침 한번 뱉고
이러한 맺음만이 이별인줄 알던
칠월 홍싸리 밑의 멧돼지이던 스물이여.

넋두리

돌문 같이 닫혀 있는 여자가 좋다.
블라디보스토크 영하 30도의 급속냉동으로 얼어서
꺼내고 싶어도 꺼낼 수 없는 사랑 넋두리.
저 얼음바다는 얼마나 많은 사연을 악물은 돌이 되었느냐.

서른다섯

짚신발로 달려간 높푸른 하늘 아래의
사람의 살다가는 뜬세상엔
바람으로 풀어볼 넋두리밖에
내 마음에 병 있으면 무엇 있으리.

첩약

봄 바다에서는 바람 따라 그대는
수평선을 넘어 갔는지 보이지 않더니
왜 가을 바다에서는 쓰디쓴 첩약 달이듯
오지 않아야 할 그대는 가슴 끓이며 오는가요.

서른여섯

수척한 겨울 산으로 병들어 앓던
계집애들도 겨울 지나면,
바람으로 풀어볼 넋두리밖에
내 마음에 병 있으면 무엇 있으리.

골방

장작도 없이 한겨울을 나는 자의
갯벌 가슴은 무겁고 춥다 하지 마라.
아무리 냉 골방이라도 마른 장작 같은
이웃 과부댁과 한밤 지새면 따뜻하리.

서른일곱

친구여, 흰 머리카락을 꽃술로 달고
꽃피는 거 다 꿈으로 치면
세월은 이웃 과부댁 넘보듯 하다 가버리고
텅 빈 골방을 지키는 마음이어라.

병치레

비에 젖은 속적삼 속 아씨의 젖가슴이 봉긋했다.
한산세모시 은은한 꽃망울.
철들어서 본 영화 양산도의 푸른 칼날에 목을 들이민
사랑 앞에서는 천한 머슴이 되는 병치레는 뭐란 말인가.

서른여덟

스물다섯 살 고비에 내 계집의 숨결은
어쩌면 괴로운 바다였을까.
꿈으로 절인 가슴도 푸른 물보라 날리는
남빛으로 젖다 말은 바다였을까.

파계승

여자들은 아무리 꿈을 담아도 터지지 않는 배 속에
사랑을 밴 아이 욕심이 그중 크다. 아내도 그러했다.
신혼 때 애 안 들어서자 아내는 탑돌이를 자주 갔다.
나는 그 탑이 아내와 땡추중 중 누가 급선무인지 몰랐다.

서른아홉

지아비 있는 계집의 손을 잡고
파계승처럼 관악산 밤길을 내려온다.
집도 아내도 십리 밖 등불로 묻히고
어쩌자고 가슴은 한 점 눈물도 없이 다디단가.

눈길

눈길을 걷다가 자꾸 미끄러져 넘어졌다.
아무리 엉덩방아를 찧어도 아프지 않고 웃음이 났다.
쌓이는 눈이 폭신한 이부자리 같기도 했다. 왜 그랬을까.
눈길에 넘어져도 좋은 것은 그녀 집 가는 목이어서였다.

마흔

눈이 내려도 가려줄 초록 하나 없는
상수리나무 위에 내 집이 보인다.
오늘은 하루의 끼니를 찾아서
몇 십리 길을 날다날다 오는 길이다.

갈매기 글씨

부두 거리의 속사정까지 밝은 갈매기가
그대가 탄 뱃전을 맴돌며 일자서신 새기듯
소금발로 바닷물 찍어 하늘 종이에 획획 일필휘지한다.
갈매기야 누가 너에게 내 마음을 전하라고 했느냐.

마흔하나

하찮은 물푸레나무 금자를 삼십 년이나
마음속에 두고 괴로워하다 쓴 추사여
그 햇수쯤이나 사랑해 오던 여자와의
이별이 오늘은 그대 희열만큼 아프다.

집

동가식서가숙하며 떠돌던 젊은 날에는
구름 방석에 앉아 세월을 낚아도 보았지만
여자가 생기면서부터 봄철이면 신접살이 새집 들어
새끼 낳는 까치집만한 방 하나가 부러웠다.

마흔둘

두 집을 만들 수 없어 죽는다.
사석으로 만드는 무서운 강설.
첩살림이 아닌 다음에야
어찌 사내로 태어나 한 집뿐이랴.

눈물사리

빈한한 신혼시절에 남편 친구 발 들여놓으면
머리채를 잘라서 술을 사오지는 않았을 테고
아내는 무슨 재주로 술을 받아왔을까.
소주잔 홀짝이며 지난날 떠올리니 눈물사리 비치누나.

마흔셋

봄 되어 내 고향 산자락에 녹는 눈처럼
살아가다 살아가다 쌓인 한들도
다 녹아버리게 한잔 술로나
내 몸에 사리를 만들며 살아갈거나.

울음

우는 게 어디 한두 가지랴. 바위도 운다.
무쇠 가슴 사내도 천지 무너지듯 속울음 삼킨다.
하루치 양식도 바닥나고 어린 자식들 눈은 말똥하고
겉으로 비치지 못할 꽃 같은 울음 묵묵 바위가 된다.

마흔넷

가을날 텅 빈 도시락을 들고 집으로 간다.
그 속에 찬그릇이 터엉텅 비어서
내 아내의 위장마냥 터엉텅 비어서
하루 끼니 때문에 간 내려앉으며 운다.

능수버들

늦바람난 늙은이가 아무리 여자 앞에서 봄이라고
어깨를 추슬러 봐도 축 처지는 것은 속일 수 없다.
산발한 머리채 물에 젖은 바짓가랑이
오히려 측은지심 거둬줄 여자 있으려나.

마흔다섯

누님에게나 물어볼 세월이 가더라도
수양버들처럼 머리를 풀고 미치게.
미쳐서라도 억울한 바다으로 흐르는
강물이나 보듯이 초록으로 내려오게.

유성

밤하늘에 흐르는 별을 따라가다 보면
그 꼬리에 매단 첫사랑 가방을 열게 된다.
내 삶이 너무 가난하여 캄캄 먹하늘이었을 때
별마저 없으면 무엇에 마음 기대고 살았을까.

마흔여섯

별들도 시앗을 보는 오월이 오면
십구 세기 화차 같은 걸음으로 장가를 가리.
사랑도 세상 물정만큼 어두운 세상.
대관령 참숯덩이 순네와 살리.

석화

물론 어머니께서 사오셔서 드셨겠지만
아버지는 김장철만 되면 생굴을 한 사발씩 즐겨 드셨다.
석녀에게서 석화를 보려 하심이었던가. 꽃피는 날이었나.
긴긴 겨울밤 굴 잡숫고 이어도 사나 웃싸 웃싸

마흔일곱

미안한 일 아니라면 내 푼수론
(내 것이라고) 한 칸 집이라도
있을 때까지(그게 언젤까)
나는 무정자였으면 한다.

이마

빛나고 빛나던 이마를 다시 한 번 갖고 싶다.
한 집의 모양새를 보려면 대문부터 보듯이
사내는 우선 이마부터 잘 생겨야 한다.
그래야만 문전성시 여자든 뭐든 차고 넘치리.

마흔여덟

서른 살 나이의 내 언어는
늘 이마에서부터 심각했다.
뒷간에서이듯 힘도 제법 줘보지만
늘 세 살 박이의 설사 똥처럼 파랬다.

붉게 붉게

그대 곁에서 꽃이 폈다고 노래를 부른 적도 옛날이다.
붉게 붉게 단풍 타던 사랑도 끝 문장이 되면
눈이 온다고 바람이 분다고 옷깃을 여미며
갈 곳 없는 나는 마음을 쉬려고 여름 고향에 간다.

마흔아홉

이웃 과부댁 여섯 살 난 어린 딸
미영이가 그리는 가을 산색은 붉게
그 위로 달덩이로 떠 눈짓 주는 그녀의
속에 짐작도 꿈 아니게 붉게 붉게.

무겁한량

물수제비뜨듯 그대에게 띄웠던 내 마음 사연들
삭발한 미련인데도 코스모스처럼 눈물 비치는 하늘.
이 형벌 몸 눕힐 자리는 있는지요.
봄이 와 꽃 피듯이 알려 줄 무겁한량 있었으면 하네.

쉰

꽃샘바람에 시달리며 꽃은 피고
또 시달리며 초록 잎 싹트듯 아내여
세끼 밥줄에 명을 잇는 세상이야
늘 그대 등살에 시달려온 바람이다.

산사

암자는 산을 닮아 늘 고요 적적하다.
그 적막을 깨우려고 풍경 하나를 매달았다.
오늘은 가슴에 산처럼 사연 많은 여인이
말없이 와서 부처님께 매달려 풍경처럼 울다갔다.

쉰하나

산사에 봄비 내리듯 시를 쓰던
서른 살 가슴에 여자가 생겼다.
살아가는 거 넉줄시 보다 더 어렵고
아, 나는 어느새 이승밖에 더 볼 줄 몰라라.

언어

서른 살에는 초록 물로 출렁거렸다. 실연을 해도,
천재처럼 죽고 싶어도 파릇한 초록이었다.
밤새 시 쓰기도 겁이 없던 초록들은 다 어디 갔을까.
언어도 모르면서 모르기 때문에 순박했던 초록젊음이여.

쉰둘

서른 살 나이에 재로 남을까 했더니
밤마다 머리카락을 움켜쥐는 나의 언어.
빛은 내 그늘로 들어와 아픈 가슴을
초록 잎만큼 태워버렸다.

떨림

남들이 침 뱉는 난질한 군계집과 야반도주하며
가쁜 숨 몰아쉬는 그 진동이 내게는 떨림이다.
냉과리 같은 그녀의 타는 살 냄새에 제 겁에 질려
파르라니 설한풍 속에서 떨며 우는 문풍지.

쉰셋

계집의 손같이 깊은 잠에서 나를 깨우는
진초록 잎새를 보게.
반생을 꿈꾸듯 살다간 내 계집의
하늘빛 눈빛의 맑은 떨림을 보게.

김치

내 사랑은 김치 물들 듯 마음속으로는
한번 배이면 잘 지워지지 않는 그런 것이었지만
그 소녀 앞에서는 끝끝내 내색하지 못했다.
김치 국물 줄줄 흐르는 냄새나는 촌티 소년 취급할까봐.

쉰넷

죽어 저승엘 가도 잘 익어갈 계집이사
김장독 묻듯이 묻어버리고 안 잊히는
긴긴 겨울 같은 세월을 갈대꽃처럼
하얗게 흐트러지는 마음으로 달래어 가자.

늙은 사랑

오줌발 세면 색시 잘 얻는다고 귀띔해준 것도 아닌데
어려서 자지 꺼내 누가 더 멀리 가나 친구와 겨누었을까.
사랑에는 젊고 늙은 나이가 없어 붉히는 낯색.
늙은이에게는 늙은이 나름대로 피우는 꽃이 있으리.

쉰다섯

오월 밤새 꿈이 놓이던 그늘엔
열아홉 가시내의 살내음같이
한 마지기쯤 괴어 있는 초록.
흰 돛폭 같은 유랑에서 만난 꽃이여.

입술연지

쥐를 잡아먹으면 입술이 새빨개지나요.
시집 와서 아내는 연지마저 짙게 칠하지 못했다.
어쩌다 입술 칠해도 손가락으로 엷게 문질렀다.
바른 듯 만 듯 그 모습이 더 예쁜 꽃잎이었다.

쉰여섯

몸 풀 달 가까운 아내여 조각달 뜨면
그거나 꿈자리에서 베개 삼아 줄거나.
사월 바람도 밤새 내 시를 읽다
초록 잎만큼 귀가 자란 날에…

그 여자

나와 헤어진 여자들은 대개 고향집으로 내려갔다.
고향에는 마음을 달랠 둘레길이나 바다가 있어서였다.
마치 부처님이 계신 그녀들이 도량으로 여겨졌다.
어디든 기댈 곳 없는 나는 그게 늘 부러웠다.

쉰일곱

마음도 텅 비어 빈 절터일 때
내 속셈까지도 다 짚어주시듯
항시 말갛게 떠오르는 햇살을 지닌
부처님 같은 계집애를 모셔오리.

나이

옛날에는 팔십 줄이면 엔간한 죄 저질러도
다 살았다고 옥살이도 안 시켰다는데
요즈음은 나이에 값이 없어 가짜 영감들이 나대며
한 계집도 아니고 두 계집을 넘보다 쇠고랑 찬다.

쉰여덟

엊저녁 그믐밤 중에 한 마리 매가
내 가슴에 떠서 실오라기로 얽혔던
두 계집을 채어간 뒤에 그 새의 날개로
마음은 가을바람 속에 맑게 씻겼다.

풀벌레

벌레였으면 하네. 풀벌레였으면 하네.
젊은 나이에는 그 말조차 그냥 무심히 시에 얹었는데
풀숲에서 사는 벌레라는 아름다운 우리말이 있구나.
울음마저도 풀벌레처럼 울게 한 내 청춘의 아름다움이여.

쉰아홉

가을 풀벌레들을 주워 뜨락에 놓고
못다 울며 산 것의 한 열 배쯤
또 울며 이어온 목숨의 두 곱절 쯤
마른 내 마음 바닥에서 울게 하다.

바람

세상의 모든 소리를 저장한 바람소리다.
꽃 피면 피었다고 눈 오면 온다고 깨닫는 것도 마찬가지다.
그 소리 속에서 바다를 뒤집고 하늘이 울 때
신의 음성으로 듣고 찾는 자가 있으니 우리들이다.

예순

대관령 같은 데선 큰 짐승의 목줄기로 누운
산등을 모다 불길로 휩쓸고 말 것 같은
조금은 불경소리가 섞인 듯한 바람
그 가을바람 소리의 맛을 알 것 같네.

목침

아버지는 일생 목침을 즐겨 베셨다.
일제 때 긴 칼 찬 일본 순사가 무례하게
가죽 장화 신고 마루에 오르자 벽력호령 지르며
목침으로 치신 아버지. 무슨 도처럼 목침을 베셨다.

예순하나

죽은 부친의 살결을 쓰다듬듯
겨울바람은 불어도 스물아홉 살은
내 계집의 알몸밖에 모르던 나이.
괸 목침을 다시 고칠 줄 모르던 나이.

생애

생애의 어느 한 순간에 신神이 온다면
맨발 차림으로 나가 꽃 피듯이 맞을 수 있을까.
이승의 생에서 시가 종교인 나에게 과연
목 매달 신은 찾아올 것인가. 궁금하다.

예순둘

이 나무와 저 나무 사이를 건너는
푸르른 영혼 속에
꽃씨 까듯 지저귀는 들새들의
달콤한 생애가 꿈을 품고 있나니.

저승

나부터 비롯하여 모두들 너무 오래 산다.
저승은 비어 있고 이승은 만원이다.
인류에게 미래란 오래 사는 것인가. 그래서
저승이 멀다면 이승의 악취는 다 누가 거두나?

예순셋

추석 가까운 어느 날에 잠자리여
어쩌다 저승엘 들를 일이 있거든
꽃 한 송이 꽂아줄게 날 사랑하다
죽은 계집애에게 전해 주려마.

햇볕

과일에게만이 아니고 우리에게도 따뜻한 햇살
그 한 줄기에 몸을 의지하거나 그리운 나이입니다.
라이나 마리아 릴케라는 이름에 마리아가 들어서인지
나의 기도에도 남국의 햇볕을 한 이틀쯤 더 주십시오.

예순넷

한잔 술로나 쓰린 속 풀어가며
홀몸이 되어 살아가지만
여자의 마음보다 더 따시한
겨울날 햇볕을 보기도 하네.

사랑 구멍

그녀의 사랑에는 유치찬란한 것도 있어서
어떤 때는 아이들처럼 장난치지 말라 하면
그녀는 더욱더 철부지로 기어들며
부처님처럼 수인을 지어야 사랑구멍이 안 막힌단다.

예순다섯

이하李賀의 시가 도둑놈이 되어서
개처럼 여자를 지키며 살아가는
단칸방 내 흘레 터에 와 구경하네.
백 촉보다 더 캄캄한 어둠을 뚫고 구경하네.

풀잎

어느 해인가는 고향의 산길을 지나다
물 한 잔 얻어먹으러 들른 집에서
문이란 문들 다 열어 놓은 채 누가 보거나 말거나
풀잎처럼 엉켜 쓸리는 남녀를 보았다.

예순여섯

한 구멍 동서가 되도 좋을 연못 옆에
불두덩이로 달아 있는 언덕이 있고
속살 내놓은 듯한 햇볕에 미쳐
풀잎도 땀에 젖어 누워있는 내 고향.

썩는 것에 대하여

죽어서야 우리 육신이나 영혼은 썩는 것이랴.
알코올에 젖으며 썩지 않을 듯이 살아온 사내가 있다.
한 번 시인된 그 자리에서 한 발짝도 못 나가고
이빨이 썩도록 시 팔아먹는 쉬파리가 된 자 나다.

예순일곱

간다간다 하며 아이를 셋씩이나 낳은
오쟁이 지운 여편네나 생각하며
알코올로 한 십 년 젖어온 친구여.
그대는 죽어서도 썩지 않을 걸세.

술

금주는 되어도 절주는 안 되는 술. 죄罪다.
아내 사는 곳으로 가고 싶어 술 죽인다 해도
누군가 술잔을 뺏는 사람도 없으니 입 대면 말술이다.
정말 아내 생각해서라도 이렇게 죽기 싫은데…

예순여덟

내 취하고 싶은 죄로 이 세상에서는
남들도 더러는 취하게 한 달 치 월급,
내 목숨의 긴긴 한 달쯤은 다 털어버리고
저 세상 가서는 술 깬 맛 같은 아침을 맞을까.

구름

구름을 타고 유유히 가는 손오공을 그림에서 보았다.
서양에서는 하늘을 나는 새를 보고 비행기를 만들었지만
나는 아직도 어릴 적 그림책에서 본 손오공처럼
사람을 싣고 다니는 동양의 구름 비행기를 꿈꾼다.

예순아홉

어떤 구름은 그 흔해 빠진 눈물도
한번 못 흘려보고 고개를 넘거나
또 흘린 눈물을 훔칠 새도 없이 사라진다.
민원서류를 뗄 곳도 없는 구름.

제일강산

매화꽃 하얗게 이우는 그늘 아래서
서로 건너고 받았던 제일강산 술잔.
넘치도록 사랑도 담아 취했지요.
그런 우리가 어쩌다 줬던 술잔도 뺏게 됐나요.

일흔

아내의 한숨도 한두 번이 아니어서
이제는 예삿일로 되어버리고, 세상이야
초등학교에나 다니듯 배워가며 사는 거라지만
사내여, 그래 술만 먹고 들어오면 제일강산인가.

미안

내 일생의 미안한 일이라면
꽃은 꽃으로 피어난 아름다움과 슬픔이 있듯이
아내와 살면서 아름다움에는 눈 주면서도
슬픔을 알뜰살뜰 챙기지 못했다는 것이다.

일흔하나

저승에 가서도 따로 살기로 한 여자가 따로 있다면
아내여, 이건 죄는 죄일는지 몰라.
이승에서가 아닌 내 가슴속 꿈들은
다 캄캄한 죄는 죄일는지 몰라.

천명

어이 우리들 삶에 명심보감 글귀들로만
하늘의 명으로 삼아 살아가랴.
강릉초당 솔밭에 가면 바다를 닮은 푸르름으로
파도소리로 글을 읽는 솔향기를 만날 수 있으리니.

일흔둘

더러는 여자의 품에서 울 때가 있네.
이 문밖서 누가 내 울음소리를
명심보감 천명편 글귀로나 들으며
아픈 거나 가슴이나 모다 같다 하리.

보름달

눈은 자폭이나 쌓였는데
하늘에는 그대의 먼 빛 얼굴 보름달이 떴어요.
어느 주막서 이 눈발 멎으면 거문고 흥도 접으려나
농주 몇 잔에 불콰해진 서방님 얼굴 같네요.

일흔셋

눈 내리는 탄실리 주막집 구들목에
바깥양반은 거문고로 앉아서
또 한 해를 흥타령으로 보내는지
산창山窓엔 박가분처럼 쌓이는 정이여.

시름

뭐 꽃이 지는 걸 봐야 시름이 이는가요.
기쁜 일 맞으려면 울음바가지도 있어야지요.
무지개도 새의 날개에 앉으면 날아요.
시름 끝에 낙이 온다는 옛말은 없던가요.

일흔넷

기쁨 같은 걸 나누자고 한다면 사람들아
명절날 떡 돌리듯 몇 집이야 아니 될까만
늘 내 가슴에 가을꽃 하나로 남는 건
한번 웃고 다 흘려버리지 않은 시름뿐이네.

여자

여자는 중독성 마약이다.
하고 싶은 일이 모두 끝나버린 내게도
단 한 가지 담뱃진 같은 인 배긴 것이 있다면
파도처럼 엎어지며 여자를 가져보는 꿈이다.

일흔다섯

내 여자의 숨결은 가야금 산조같이
일만 가지 설움도 다 어느 꿈결엔 듯
추야장장 긴긴 밤을 젖어가다
깨인 새벽에 무뚝 내리는 가을비.

정자

서른 살 무렵에 남매를 낳고 정관을 잡아맸다.
아이를 만들 수 없으면서부터 무비자 통과였던 여자들
정자들이 죽어버린 내 사랑에 무슨 의미가 있었을까.
끝물 때가 되니까 무정자인 시의 허무가 보였다.

일흔여섯

내 꿈으로 2억의 정자쯤 깔기지만
마땅히 살아야 할 것까지도 모두가
연탄공장 직공의 낯짝이 되는 시간과
때에선 허무와 맞먹을 나의 언어여.

사랑

설한풍의 꽁꽁 언 마음을 녹일 수 있는
야외 온천수 같이 샘솟는 마음이 사랑이다.
동지섣달 눈 속에서도 꽃 피는 설중매가 사랑이다.
삼동 내 잘 뜸들인 한 덩이 메주가 사랑이다.

일흔일곱

낙산洛山의 밀물처럼 그 가진 마음이 괴롭다 하여
큰 바위 기슭에다 메어 때리듯
참말로 어느 누구도 사람 살아가는 거
아무 것도 아니게 우리는 하지 못한다.

미련

늙어가면서 제일 걱정은 얼마나 병원 신세를 지느냐
가진 것 다 쓰고 가느냐 아니면 남기고 죽느냐다.
어느 것을 선택해도 미련을 안고 사는 목숨이지만
시의 여백처럼 조금은 헐겁게 비워두는 마음이고 싶네.

일흔여덟

어디 내 핏줄로서 자식이나 키우듯
세상 살아가는 것만이 다이랴.
부처님 어깨 너머 후광이듯이
이승을 닷곱장님처럼 보고 가는 이도 있네.

숲

숲을 걷다가 시인인 것이 새삼 고마웠다.
아침이면 나뭇잎 사이로 햇살이 스며들고
새들이 잠 깨우는 지저귐과 실버벨의 별의 울림들…
모든 생의 경계에 나무를 심고 푸르게 살고프다.

일흔아홉

한 마리 까투리처럼 애상 많은 여자
꽃도 아직은 샘낼 만한 나이의 내 아내여.
한철 꿈자리 보듯 이 봄날엔
또 몇 집이나 기웃거리며 앓아야하리.

몽돌

밤새도록 바닷가에서 몽돌이 구르는 소리에
귀를 대고 물결에 씻기며 잠든 적이 있는가.
수천만 년을 돌이 물살에 깎이어 그 가진 시름들도
다 아름다운 색으로 바뀐 것을 본 적이 있는가. 아내어.

여든

살아가는 시름도 몇 점 기미로 돋고
분홍빛 얼굴에 그늘이 끼었어도
십 년을 살아도 수줍기는
내 아내 같아 더 이쁜 한 무지 철쭉.

눈길

시체 위에 덮인 흰 가운같이 지워지는 모습은 희다.
쓸쓸한 눈길이여. 여인에게 뒷모습 보이며 눈도장 찍히는
버림받은 마음보다 더 아픈 것이 있으랴. 하지만
사내가 어찌 낙방거사만 되랴. 등에 엎이는 여인도 생기리.

여든하나

이 가을날 마음 씀이야 어디 남만 못하리.
고향의 산을 닮은 저문 길 어귀에서
안반 같은 내 아낙과 어린 자식들
그것들을 닮은 돌 하나 그립게 보며 간다.

하늘

그래 누구나 나름대로의 하늘을 가지고 산다.
믿는 구석이 없이 어찌 여자와 자식들 거느리랴.
하늘이 내린 복이라 했고 하늘을 믿고 숨을 쉬었다.
옛날에는 부모들이 다 그렇게 꽃이 핀다고 진다고 넘겼다.

여든둘

수지니가 아닌 산지니로 보낸
그 나름의 하늘이 있으면 되었지
청산에 매 띄워 놓듯이 살다가
끝내 걸량금점 밖에 못 낸들 어떠리.

방

아주 작은 방 한 칸을 얻어 그녀와 겨우 살림을 났다.
살을 맞대고 사는 방이 밝아서인가 그리 행복했다.
아내가 없으니 이제 구중궁궐이 무엇 필요하랴.
장판 기름 냄새가 코끝 스치던 골방, 박꽃같이 환한 향기.

여든셋

빛살도 들어오다 곪은 물길로 빠지고
황금의 씨앗들도 다 물러 주저앉는
자궁을 가진 황 참외 같은 계집과
살림난 세상이라도 속 없이야 살으리.

나무

하늘을 보는데 나무가 보였다.
누가 하늘에 심은 걸까.
하늘의 구름밭에다 포플러를 심고 지금
비를 뿌려 물을 주리라는 아내 생각.

여든넷

살이 없어 뼈도 꺾어지면 그뿐인
저승에서 십 년 전 아내가 오네.
한쪽 무릎이 제풀로 꺾어진 생활의 때에
목발처럼 부축해 줄 아내가 오네.

버스

늘 출퇴근 버스는 빈틈이 없어 생지옥이었다.
비빔밥처럼 남녀 가릴게 없던 60년대 버스.
좌석에 앉으면 남의 짐을 두세 개씩 가진 짐꾼이었다.
그 끈끈한 생존력이 하나 되어 오늘을 만들었다.

여든다섯

한국의 버스로 두 대 반만큼이나
사내를 알았어도 죄가 안 되는
그런 여자와 앉아서 술을 마신다.
시가 푸념이 되는 생활의 때에…

동백꽃

산을 오르는 사람들은 좀처럼 아래를 보지 않듯이
나는 꽃이 피지 않은 채 가슴을 닫은 꼿꼿한 자세의
겨울 동백 꽃망울의 그 신비한 붉은 빛을 모른다.
더 기다리게 하고 더 절망케 하던 여자를 모른다.

여든여섯

꿈이 뭘까, 남들이 얘기하면 웃을라.
녹음도 안 된 간밤의 말들은
캄캄 벼랑에서 동백꽃처럼 타다 떨어지기나 했을까.
밝은 날 입술이 터 서로 웃는 내외여.

인연

그대의 향기를 맡고서 그 인연으로
사랑하게 되었다면 긍정할 이 있을까.
퇴짜 맞을 일만 하며 살았다. 인연이
일생 돈 안 되는 시에 목매달게 했다.

여든일곱

대추나무 연 걸리듯 걸린 여자여.
가을 칡으로 얽힌 인연마저 없다면
세상 어느 먼 바다에 나가더라도
눈물 없는 가슴, 속빈 마음으로 뜰 뿐이네.

배꼽

배꼽이 바다였다. 어렵고 힘든 일 더러는
배꼽을 믿고 배를 불쑥 내밀며 버티었다.
그 아래서는 몰래 사랑이 늘 흰 피를 토했다.
꽃 탈날 일들 파도처럼 미친 듯 밀려 왔다.

여든여덟

누운 배꼽엔 땀에 젖은 물이 괴어
만 리 둘레의 불을 끄고도 남을 물이 괴어
하늘 아래 가쁜 숨결을 고르는 아내의 땅아
지금 어느 나뭇가지엔 꽃이 피어 있을라.

정

가을 초입에 우리 내외 거실에 앉아 고구마 줄기를 벗긴다.
돈으로 따진다면 시간 죽이며 서툰 이 일을 하겠는가.
사는 일에 돈이나 시간으로 셈할 수 없는 일이 있어
좋은 햇살 받으며 도란도란 얘기도 하며 정을 쌓는다.

여든아홉

아직도 못다 이룬 절 같은 세상에서
정이나 있어야 한을 남기지.
내 살점 베어줘 가며 한을 남기지.
마음 아플 땐 술막집 탁배기 잔의 뜨물이나 보네.

동백낙화

너도 심장 떼어내듯 꽃 떨어져 본 적이 있느냐.
너도 사랑 때문에 통사발로 피 토한 적이 있느냐.
아 천길 벼랑으로 바다가 떨어지는 것을 본 적이 있느냐.
그 소리를, 바다가 우는 소리를 밤새 들어본 적이 있느냐.

아흔

귀머거리장군 긴코박이나 하늘에 띄우고
안 보이는 실이 손끝에 와 우는 소리를 듣네.
우리 살림에 실없이 오는 것 같은 많은 일들은
모두 인연으로 와서 우는 거나 아닌지.

봄잠

눈 감고 누워 물소리를 듣습니다.
온몸이 물이 되어 흘러갑니다.
까마득히, 아득히 너울너울 일렁입니다.
그 끝에 스르르 꿈같은 봄잠이 옵니다.

아흔하나

계집의 엄지발가락이나 빨듯
갓 피어난 버들개지에 입을 대본다.
그대 떠난 아픔이 마냥 가슴 괴는
봄이 와도 이제는 술과 만나지 말자.

네팔

공기 맑으니 사람이 달라진다.
가난해도 왜 마음 부자인지 알겠다.
나 스스로를 위로할 길 없는 땟국 졸졸 흐르던
60년대는 땡전 없는 빈털터리 신세여도 행복했었다.

아흔둘

태어난 생명으로서 풀잎 같은 것에겐
진실로 부러울 게 없다고 말할 수 있으랴.
문명은 없어도 공기는 맑으리.
고향 그리듯 풀잎 하나 생각하는 하루여.

봄바람

하루는 산과 들을 초록으로 도배질하고
이튿날은 강과 내가 누이의 수틀이더니
오늘은 내 가슴 먹통에도 봄바람 불어
산들산들 연둣빛 노래를 부르게 한다.

아흔셋

한 십 년이라는 세월은 내게 있어선
발샅의 때꼽재기로 흘러갔지만
아내여, 그대 배에 두어 번 썰물 지듯
그러한 경삿날도 더러는 있었구려.

봄

정체불명의 봄이 기습하여
서해바다에서 어뢰와 기뢰가 터졌다.
군함이 두 동강 났다.
나물 캐는 소녀처럼 소문만 무성하다.

아흔넷

하야성명下野聲名처럼 떨리는 목소리를 듣고 싶네.
모든 혁명의 끝에 말뚝을 박듯
생명이 깃들어 한 육 개월이 된
계집의 배 위 같은 데서 내려오는 바람이여.

하늘바다

저녁 밀물 때를 스멀스멀 기다리는 여자는 혹 같은 섬이다.
깊은 심연으로 머리끝까지 잠기는 나의 여자여
소멸은 보들레르의 소란 뒤의 고요다.
여자가 없으면 구름 섬도 외로움 타는 하늘바다.

아흔다섯

마지막 시간의 술집 같은 땅아
지금 세상에서 나 혼자 떠들고 있다.
아니다, 아니다 혼들을 다 내놓고
무엇이나 노래가 되게 떠들며 받고 있다.

인간 예수

믿는 가족과 기도를 드리고 저녁밥을 먹는데 벽에
십자가에 매달린 굶주린 예수가 보였다. 부활하기 위해
늘 죽어있는 예수. 저 양반 언제 십자가에서 외출하시면
그저 따뜻한 밥 한 끼라도 대접했으면.

아흔여섯

계집을 천국에 데려다 주고 와서는
땀 식히며 한숨 놓는 소리가 들리는
값싼 여관에서 눈 뜬 새벽이면, 스님도
조금은 죄를 짓고 산사로 가는 게 보였다.

아내

지야여, 오늘은 눈이 내리고 참으로 오랜만에
연애시절처럼 이름을 불러본다.
그대 저승 있어도 부부는 닮아가는 것인가.
아내가 잘 빨던 눈 맛 나는 박하사탕 내 입에도 넣어본다.

* 아내의 이름은 金一枝인데 나는 그녀를 호처럼 끝자를 따 知野라 불렀다.

아흔일곱

다 한세상을 잘 살자는 뜻이라지만
다모토리로 마시는 술은 극약처럼 어렵다.
친구여, 이 힘든 다스림 뒤쪽에 아내가 있네.
입방아로 찧는 확 속의 낱알 같은 내가 있네.

아버지

나이테도 없이 속이 썩은 자국이여.
그 썩은 속으로 마음을 비워 짐승들의
굴이 되듯이, 그렇게 아무런 내색도 없이
자식들 묵묵히 키우다 눈 감으신 아버지.

아흔여덟

젖줄 하나 빠는데도 본능이 깃든
울음으로 농사를 짓는 아가야.
말이 있기 전 저 울음의 소통을 위해
지금 부모는 뭐든지 너에게 배우려 한다.

가을 백치

국화향의 딴 여자의 암내를 달고 그가 왔다.
단풍 들어 가슴에 남아 있는 사랑도
장례식장에 놓인 흰 국화송이의 웃는 오열이 되었다.
아침이면 보따리 쌀 사람은 난데 말없이 그가 떠났다.

아흔아홉

바람의 순리대로 쓸리는 풀잎이듯
잠결에도 아내 쪽으로 돌아눕는다.
무심으로 하는 이 하찮은 일들이
오늘은 내 미처 몰랐던 사랑이 된다.

마음

먼 세월이 흐른 뒤에야 알게 되는
고려청자 빛 하늘로 빚은 마음입니다.
그윽하고 은은하고 부드러운
아내 사랑의 극점은 그리움뿐입니다.

백

계집을 만나 한 십 년쯤 살아오듯이
하찮은 일에도 살 섞어온 탓일라.
연줄 같은 목숨에도 인이 박혀서
마약도 아닌데 못 끊으며 나는 요즘.

궁상

마누라라고 돈 쓸 줄 몰랐을까마는
일생 한 푼 두 푼 모으기만 하다 숨졌다.
아마 내 곁에서 자기가 사라진 뒤
어디서나 궁상떨지 말라고 그랬나보다.

백하나

어느 연잎 자리에 앉아서
아내는 만 리의 꿈길을 떠나고
나 잠들다 깨어 이승이 아닌 그녀
꿈속을 들여다보는 약인 양 술을 마신다.

모기

사이렌 소리도 시끄럽게
밤새도록 날아다니며 불같은 피 먹는
각다귀 소방차가 지나간다.
그 소리에 팔려 내 눈도 비상등 켰다.

백둘

실연해 보이는 파리 한 마리가
그늬 손가락 속으로 걸어간다.
셋째 마디쯤에서 온몸을 떨며 운다.
뼈 속의 물기도 다 빼고 보석이 된다.

하소연

수리하기에 바쁜 고장 난 봄이다.
고장 난 냉장고, 세탁기, 컴퓨터 삽니다.
고물장사 자동차가 이곳저곳 다니며 하소연한다.
꽃피는 봄보다 고장 난 내 마누라 안 사가시나.

백셋

스나이 없는 부끄럼이 다시 생기는
봄이면 어떤 목련꽃들은 그들끼리
바람만 지나도 궁둥이내외를 하며
초록이나 장만하여 싸데려가시압.

부끄러움

생전에 아내를 의심한 적이 많았다.
사랑하는 마음도 아내와 함께 재나 되어버리지
저 세상에서도 다른 사내 만날 것 같은
이 질투는 무슨 얄궂은 신의 장난인가.

백넷

아내는 자면서도 귀부리가 발갛다.
한 이십 년 전의 열일곱이 되어서
라일락 향기 같은 첫 사내, 그 숨결에
마음 젖어 수줍어하고 있는 거나 아닐까.

전설

옛날, 옛날 그리 멀지 않은 옛날에
남산골에는 백정 중에서도 개백정들이
조각달 칼 문 밤마다 사람을 잡아다 개처럼 잡는
비명으로 꼬박 날 새는 일이 있었더란다.

백다섯

몸을 팔더라도 자유가 있는 땅에 가거라.
열여덟 꽃다운 나이에 피난을 와서
썩은 살로 얼굴을 파는 마흔이다.
이만하면 사람 사는 거 팔자가 아닌가.

물불

한 마리 생선도 물이 있으므로 불에 익는다.
물이 없으면 한 장의 종이처럼 금방 타버리고 만다.
세상 바다와 같은 어둠을 삼키면 해님이 웃는다.
물불도 못 가리는 나. 나사처럼 빠진 게 있다면 죽음이다.

백여섯

우수 경칩만 되어도 잊었던 이름
대동강은 모두의 가슴에 떠오르는데
내 조국 얼었던 강산이 풀리듯
당신과 나의 따지기때는…

윈도우 브러시

슬픔이나 멍에 진 눈물 비 지우는 걸음새가 경쾌하다.
이 남자와 저 남자 사이를 왔다갔다 저울질하는 소녀다.
아니 먼지 낀 세상을 유리 한 장으로 닦는 청년이다. 비 오면
세상 물정 어두운 암하노불巖下老佛도 분주해지는 행차다.

백일곱

봄이 온 탓일라. 전신을 간질이는
이蝨 한 마리에도 여자가 생각나느니.
작약 꽃줄기를 타고 오르듯 옮겨 붙은
네 십 년 전의 여자, 그 늬 몸의 이가 생각나느니.

매미

3년, 5년, 7년 살면서 허물도 못 벗고
소리 내어 울 줄도 모르는 나 대신
울음의 폭포수를 만드는 저 매미는
수컷이어서 내 마음을 아나보다.

백여덟

첩을 위하여 팔십 평 집을 짓고
그 방 하나에 서재를 마련한다.
마음에 든 병의 어느 한구석에
풀잎이더라도 초록이고픈 소망은 있는가.

내일

내가 겪어보지 못한 미래인 내일은 오늘이 있어
한 여자와 눈이 맞아 살아야 할
내가 비워둔 꽃의 내밀한 씨방이었다. 젊을 땐
한 여자와의 결혼이 내일의 간절한 출발이었다.

백아홉

말술도 한량없이 들어가는 모가지 밑에
혼자 사는 괴로움을 게워내던 모가지 밑에
배암 껍질 같은 넥타이나 하나 달고
장가나 가거라. 그대 들러린 내가 설 테니.

천국

아무리 정신대를 부정하는 왜가 왜 왜인지
야한 동영상을 보다보면 세계에서 그중 제일
메딩 재판japan이 재판裁判받을 만큼 천지개력이어서
일본 여자는 모두 포르노 천국에 사는 것 같다.

백열

어느 진 데에 떨군 오줌 한 방울이
이토록 캄캄한 데까지 스며들랴.
수캐와 붙어서 흘레붙는 여자여
다라운 본능보다 개 같은 생각이 밉다.

눈 발자국

결혼예식장 카펫을 밟듯 전인미답의 길이다.
내 집에서 저녁연기가 다정히 피어오른다.
신부 같은 아내가 된장찌개를 끓이는 모양이다.
그간 올곧았는지 곰븨님븨 눈길에 찍힌 발자국을 본다.

백열하나

뼈가 없어 살을 붙일 때 없는 바람이
새끼를 낳다 죽은 개에게 살을 붙이잔다.
개뼈다귀 가지고 죽은 개가 사양한다.
바람아, 늬 운명 같은 역마살이 내게도 있다.

가을비

비가 온다. 콩나물을 무쳐 먹는다. 비를 먹는다.
두 귀를 자르거나 바위로 막고 듣고 싶지 않던 말.
못 들은 체해도 가슴을 후비던 떠나겠다는, 떠난다는 말.
숨 줄 끊기듯 자꾸 가늘어져만 가는 비.

백열둘

십오 년 동안 첩을 얻어 살은 사내의
두 발등이 도끼로 내려 찍혀졌다.
몸도 마음도 텅 빈 절간의 부처가 된 후
첩도 본처도 다 떠나버렸다.

가을바람

벤허의 전차 경주같이 가을 뼈마디가 아작난다.
댓잎 칼 스치듯 아랫도리가 전율하는 소리의 몸이다.
깊은 밤 대나무 통마디의 허벅지 드러내고 뜨겁고 차게
달빛 거품 물고 혼절하는 누님이다. 흐느껴라.

백열셋

친구여, 술이라면 나도 남들처럼
한 세상을 잘 살아본 목숨이지만
바다같이 큰물도 다 새고 마는
진실로 살아있는 동안은 육신뿐인가.

누항사 陋巷詞

마음은 마르는 이파리 하나에도 의지할 수 없도록
가난하여 이 세상 비루먹은 가을 하늘입니다.
아버님 임종 후 못 주무시는 소리 들립니다.
누추한 곳 모신 것 같아 불효 소자 뜬 눈입니다.

백열넷

하늘에다 매단 쪽박을 떼어다가
냉수를 들이켜면 가슴엔 봄 개울 소리.
애기 기저귀도 치워본 적 없는 사내가
서랍 속 쥐똥 몇 알을 치운다.

시귀 詩鬼

막 대놓고 차마 토설치는 못하고
스승 미당은 본인이 대한민국에서
제일 시인이라는 말을 에둘러 시에다
마흔다섯 살에는 귀신도 보인다고 썼다.

백열다섯

저승에서도 제일 넘기기 어려운 염불은
한으로 다져진 사랑이라 하더라.
죽어 귀신이 된다는 게 무엇이리.
육신이 죽은 후에도 살아있는 아픔이리.

사과

꼭지 목숨이어서인지 돌발사고가 늘 터진다.
저승 가는 길도 없는데 생긴 대로 살다 죽는 건
상팔자다. 아등바등 매달려 살 것이냐 죽을 것이냐
곡예사의 고뇌로 단물 든 사과귀신이란 말 들어봤나.

백열여섯

거웃은 한 무더기 죽은 듯이 있는 풀이다.
그 낱낱은 빛이 타 죽은 오라기들이다.
붓다도 손 안 댄 어둠을 삭발한다.
입산한 동자승처럼 햇살이 부끄럽다.

밥

곡기 끊으면 바람에 휘불리는 재가 된다 하여
먹기 싫어도 미적미적 살려고 씹는 이 아침밥.
하찮게 보이는 밥 한 술 뜨기가 산을 옮기듯 힘들다.
출가승처럼 독신입문하기 더 괴로운 이 혹독한 극기.

백열일곱

항마좌降魔坐한 채 입적한 그대를 태운다.
불길 속의 금빛이 그대를 잡수신다.
부처의 윤곽이 아수라도에서 떠오른다.
어찌 한 줌의 재에 철없이 미련을 두랴.

탁발

아내는 미리부터 자신의 죽음을 다 알았나 보다.
내 살아갈 걱정까지 다 탁발해놓고 갔다.
장만하여 단정히 놔둔 새 내의며 팬츠를 입는다.
새삼 아내의 손길이 그립다. 눈시울이 붉어진다.

백열여덟

죽음의 한량없는 섭섭함이 올 때까지는
한 세상 내 탁발은 처자들 것이다.
빈 들녘 같이 살아온 세월도 인연이 되면
더러는 ㅇ으로 뜨는 달무리도 보게 되리.

눈

고향에 눈이 많이 왔다는 소식을 들었습니다.
순간 좋아한 소녀 집 앞에서 언 손 불며 눈사람을 만들어
나인 듯, 순백이 내 마음인 듯 세워두고 돌아섰던
아득한 옛날이 아련히 가슴 긋고 지나갔습니다.

백열아홉

바람만 바람만 하고 살아온 그리움이
죽어도 약을 써야 될 아픔이라면
사랑이여, 그녀 사는 이승에 와 한 닷새쯤
남도의 한 고을이 물이 되도록 울어버리자.

사색

골고다의 보혈로 날 씻어주소서.
노을 앞에 서는 것은 너무 장렬한 비극 같다.
모든 사물들이 저녁미사를 드리듯 경건하고 고요타.
내 이마가 어찌 깊어지지 않겠느냐.

백스물

아내여, 한 보름 만에 일찍 퇴근한
지아비 눈에 가득히 타는 노을은
신혼여행 때 호남 갯벌의 것으로 접어두어라.
어쩌다 달리 생각하면 눈물 나리니.

아파트 1층

온갖 들고나는 잡소리가 다 들려서 괴롭지만
가끔 고층에서 새처럼 날지도 못하면서
물먹은 솜뭉치 되어 떨어져 자살하는 사람이
가족 일리 없다는 데 안주한다.

백스물하나

뻐꾸기도 목청 틔어 우는 여름 아침에
사람이라고는 부모만 알던 아기가 죽었다.
하나님의 얼굴을 무척 닮은 벽시계도
일 분쯤 뚜우뚝 울며 지나갔다.

새집

전지剪枝한 겨울 가로수 꼭대기에
철거되지 않은 무허가 건물 같은 새집들이 있다.
얼기설기 엮었지만 빈틈없이 공들여 지은 집.
새끼 치고 한철 편히 나라고 남겨 둔 인심人心.

백스물둘

변두리에선 바람에 뜬 쓰레기들이
비둘기 떼처럼 날아가다 앉는다.
살아갈수록 하찮은 일들에 새로운
뜻이 주어진다. 집이 무엇이란 걸 알겠다.

창경궁

가끔 까마귀 떼가 검은 구름처럼 휘덮고 있는
창경궁을 빌딩에서 내려다본다. 기죽어 있는
땅의 하늘이던 구중궁궐. 일제는 쇠락한 왕실의
낙화를 즐기려고 벚나무들을 심었나보다.

백스물셋

왜놈의 칼등에 살점 뜯기며 사는
자식들 보는 게 가슴 아프다
또 요즘은 내 나라 반쪽은 전혀 모르는 손자를 본다.
살아서 이 무슨 변인가.

바다

바다라고 다 같은 물빛이 아니다.
사람마다 가지고 싶은 바다가 있다.
나는 한가위 고향 바다 코발트색이 좋다.
그곳 미역밭에는 아내가 살고 있기 때문이다.

백스물넷

쥐코밥상만 들이밀게 해줘서 미안한데
그렇게 살게 해줘도 고마운 거 있나
한가위라 술 한 잔 받아놓고 가야금 뜯는
아내여, 그대 얼굴을 맑게 씻으며 달이 뜬다.

팔

꿈에 하나님이 내 오른팔을 가져갔다.
팔이 하나님 곁에 있어 너무 기뻤다.
그런데 그 손으로 시를 쓸 수 없어
잠시 후 기쁨보다 슬픔이 더 컸다.

백스물다섯

율곡전서를 읽으며 사귄 서른 살 때의
솔바람 소리가 그 글귀보다 더욱 약이 됐거니
죽은 옹이로 남겨진 내 한세상
이제와 은사 죽음이라 탓할 게 뭐 있으리.

투수

왜 투수는 강판되어 홈으로 오면서도
패자답지 않게 씩씩하게 뛰어 들어오는가.
오늘 비록 패자가 되었더라도
다시 마운드에 설 내일이 있기 때문이다.

백스물여섯

아내가 가져다 버리라는 요강 속에
동생에게 왕비가 될 꿈을 팔 것도 없는
소피가 제법 보름달 빠진 듯 괴어
왕도 못 되는 남편, 그까짓 녀석하고 있네.

불꽃

밤바다에서 불꽃을 터뜨리다 문득 옆의
여자에게 아내 몰래 샐비어 빛으로 타오르고 싶어졌다.
그 여자 불꽃을 맞으면 어떻게 될까.
때론 사랑은 전신화상을 입는 위험한 장난이다.

백스물일곱

오동잎처럼 떨어져 사는 계집을 사서 놀은 뒤
알레그로조의 숨결이 없는 일주일이었다.
썩은 고름을 아내에게 옮겨주지 않는 것
이런 것을 나는 그대 사랑으로 알고 있다.

장미

튀니지인 아서 탤리브 여사는 나에게
빵을 굽기 위한 화덕의 불길 속에서
매일 장미꽃을 본다며 햇살웃음을 띤다.
여자들에겐 장미도 불길 속에 타오르는 것이다.

백스물여덟

칡덩굴 같던 서방이 마을 간 짬에
가랑이 벌린 계집은 누워 가지고
백운봉 위에 둥기실 뜬 달구경하며
다른 사내 얼굴이어서 더 좋은 달아, 달아.

해빙

여자 대학교 남자 화장실처럼
별로 오가는 이 없는 한적한 고요다.
그 적막을 적시듯 칠십 먹은 노인이
졸졸졸 갓난애처럼 부끄럽게 오줌을 눈다.

백스물아홉

내 계집이 깔기는 오줌 줄기도
남 다 자는 밤에 들으니 약이 되는군.
한번 흐르면 그뿐일 개울물 소릴
몇 해만에 듣는 듯한 약이 되는군.

술버릇

바닷가에서 바다를 친구 삼아 한 잔 꺾으면
아무리 마셔도 계엄령처럼 안 취한다고 큰소리치다
죽을 뻔한 적이 한두 번 아니어도
나는 바다에 오면 울분처럼 늘 그 술버릇을 못 고친다.

백서른

삭신이 저리도록 깨닫는 죽음만 남고
술마저 이제는 내 곁을 떠난다.
가까운 친구끼리 하던 유언비어도
울분도 사라진다. 나는 갈 곳이 없다.

첫눈

별들도 총명하게 떠는 시베리아처럼 푸르게 차다.
모처럼 부전지를 붙이고 싶지 않은 산뜻한 하루다.
온갖 역사의 회한으로 결빙된 머리통.
대포 맞은 듯 시원하게 뻥 뚫렸다. 신의 축복이다.

백서른하나

어둠을 송두리째 뒤집어엎는 사건이
이 국토에 조용히 진행되고 있다.
지난 역사의 회한을 희뜩희뜩 불러일으키며
체제도 없이 하이얀 눈이 내리고 있다.

해동

눈 속 삼동이
겨우내 지루하다

새싹 파릇한 흙냄새
이리 반가울 줄이야.

백서른둘

고향의 땅뙈기도 다 팔아먹고
막판에 계집을 조선호텔 근처로 내보냈다.
병들어 길게 누워 있는 내 몸뚱이
그대 버릴 수 없는 국토 같으냐.

여적餘滴

   시를 쓴지 50여 년이 지났다. 시와 더불어 한평생을 이어온 목숨이다. 그 목숨에 감사하는 마음으로 무언가 하고 싶어 생각한 것이 이 작업이다. 이름하여 시력 50년 기념 시집이다. 기념 시집이라 하여 무의미하게 햇수만 채운 시집을 낸다면 무슨 기념이 되겠는가. 그것은 하릴없이 허송세월로 나이만 먹은 노인처럼 50년이라는 말을 입 밖에 내지 않은 만도 못할 것이다. 무언가 기념이 될 만한 시집으로서의 뜻을 지닌 일이 되어야 한다는 생각이 늘 떠나지 않았다. 그러다 용단을 내어 시작한 일이 이 일이다. 예부터 노인이 되면 먼저 눈이 침침해진다고 했다. 사물에 대한 구분이 잘 안된다는 것이었다. 시인이란 그 누구보다 사물을 보는 눈이 밝아야 하는 사람이다. 그런데 눈이 침침하다. 그 눈을 비벼가며 몇 줄씩 만들어본다. 아, 이 작업은 마치 독실한 신자가 목판에 먹줄을 긋고 경을 한 획 한 획씩 깎아 새기는 것과 무엇이 다르랴. 그런 마음으로 쓰긴 쓰나 언어는 늘 빗나가는 생물이다. 그 생물을 죽이지 않고서는 앉힐 수 없다. 그리하여 마침내 내 언어들은 죽고 말았다. 노인들은 그 나이만큼이나 언어를 죽이며 산다. 늘 시를 쓰면서 마음이 상하고 슬프다. 누가 내 눈물을 거두어주랴.

60년대의 시인군의 한 사람으로 한국시단에 작은 받침목 하나라도 보탬이 된 것을 고맙게 여긴다. 60년대는 비록 한국동란의 회오리 속에서 분단의 현실을 겪으면서 살아왔지만 우리 역사상 그 유례가 없을 만큼 기적을 이룬 시대의 출발점이었다. 시 또한 순수 한글세대로서 외부의 영향 아래 떠돌아다녔던 데서부터 탈피하여 국한문의 혼재된 시 쓰기에서 우리말 우리글로 우리 시를 찾고자 하는 노력을 기울여왔던 시인들이기 때문이다.

　두려운 자는 저기 바다가 늘 있어도 건널 수 없다. 이 일을 시작하면서 제일 두려운 것은 첫 시집의 사행시보다 못할 것이라는 걱정이었다. 또 이것은 이미 어느 정도 예견된 일이었다. 그러면서도 바다를 건너기로 했다. 시도하는 것 자체만으로도 세계에서 내가 처음일 것이라는 믿음 때문이었다. 아니 확실치는 않지만 내가 최초일 것이다. 아니면 어떠냐. 그리 믿고 고취된 상태에서 작업을 하는 것만으로도 좋지 않으냐. 나를 믿고 내가 감히 이런 작업을 한 시인으로는 세계 최초의 시인이라는 말을 쓴 것이다. 이 신념은 내 자신이 시 쓰기를 전심전력의 프로정신으로 해왔다는 말과 같다. 시인이란 매 편 새로운 것을 창출할 수는 없지만 전인미답의 개척과 창조정신이 없으면 시를 쓰지 말아야 되는 것은 아닐까. 나는 늘 그런 정신을 가지려 했다.

　『사행시초』가 한국시단의 새내기로 걸음을 떼면서부터 10여 년 간에 쓴 사행시를 수합한 첫 시집인데 비하여 『사행시초 2』의 작업은 2개월 정도의 기간에 집중하여 시를 쓴 시집이다. 내 실력으로는 최단 기간에 그중 많이 쓴 시이고 시집이다. 이렇게 쓸 수 있었던 것은 첫 시집이 있었기 때문이었다. 처음에는 어떻게 써야 될지 가닥을 좀처럼 잡지 못하고 시작했다. 또 몇 편 쓰면서는 지난날의 사행시와 자주 비교가 되었다. 작품이 더 나쁘면 안된다는 강박관념도 나를 무겁게 짓누르고 있었다. 하지만 이런 시도를 한다는 자체에 그 의미를 두고부터는 아주 그런 기분을 떨쳐버릴 수는 없지만 어느 정도 자유스러워질 수 있었다. 그러자 이번에는 매 편 쓸 때마다 백일장의 과제처럼 만들어야 된다는 당연성이 부담으로 뒤따랐다. 이 일도 이전의 나로서는 처음 겪어보는 일이었다. 시 쓰기를 억지로 쓰는 것이 아니라 자연의 순리대로 맡겨온 나로서는 수행하기 힘든 일이었다. 현대시라는 것이 만들어지는 것이라는 작위성에 길들이지 못한 탓이기도 하리라. 쓰면서 양의사 아닌 한의사의 체질을 가질 수밖에 없다는 생각을 하였다. 그러면서도 흥에 따르기로 했다. 흥 중에서도 즉흥에 시의 가락을 맡기기로 했다. 짧은 시는 어차피 순간의 포착물이다. 동물적인 야생의 감각이 깃들어 있어야 단순하고 직설적으로 시를 포착하기 쉽다는 생각이 들었다. 시를 만드는 작업이 많이는 그 시인이 지닌 생래적인 타고난 기질에 의존한다고 믿는 나는 (그런 면을 늘 고맙게 여기는 사람이지만) 이번의 일도 내 스스로가 한시의 표재사表才士가 아니라는 점을 새삼 확인시켜 주는 계기가 되었다. 형식적인 면에서 한시의 대구對句 같지만 대구가 아니라는 말이다.

    이 시집의 작업을 하면서 한 가지 의미 있는 일이 있다면 새삼 내 초창기의 사행시들을 자세히 들여다 볼 수 있었다는 것이었다. 세계적으로 유명한 문인들은 거의가 젊은 날에 자기가 쓰고 싶은 말들을 작품에 다 담았듯이 나의 젊은 날도 그런 욕심이 왜 없었으랴마는 너무 무모했다는 느낌을 지울 수 없었다. 젊은 날에 인생을 얼마나 안다고 시이지만 달관한 사람처럼 노래했을까 하는 부끄러움도 있고 때로는 밑바닥 인생으로서의 아픔도 짙게 드러나고 닝닝대는 피의 뜨거움을 주체하지 못한 청춘도 있어 지난 추억의 한 페이지처럼 애틋한 면도 있었다. 특히 시란 앞서 잠깐 언급했듯이 지극히 개인적이고 생래적인 것이라는 말을 나 자신에 비추어 하고 싶다. 그래서 나는 60년대의 암울한 시대를 걸어가면서 참여시로부터 늘 한 발 비켜나 있었다. 초기에는 자유실천문인협의회의 발기인의 한 사람도 돼보고 그런 비밀스런 모임(시청 옆 성공회 건물)에 참가하기도 하고 또 동아일보 광고탄압 때는 몇몇 문인과 어울려 조각 광고도 내보았으나 나는 시란 떼 지어 만드는 것이 아니라 혼자만의 길이라는 마음을 가지고 살았다. 2차 세계대전 때 나치로부터 저항한 프랑스의 폴 엘뤼아르처럼 쓰지 못한 것이 잘한 일인지 못한 일인지는 이 시점에서도 가늠이 안서지만 또 민중시가 아니면 시가 아니라고 할 정도로 김수영과 신동엽만이 시인인 것처럼 대우받던 시절에 그래도 학생들 앞에서 김소월과 서정주를 얘기했던 그 떳떳함에는 한 점 거리낌도 없다. 민중시가 이 땅의 민주화에 일익을 담당한 것은 사실이다. 하지만 구닥다리 같은 논제이지만 예술과 이데올로기의 갈등에서 나는 예술 쪽을 택했다. 너무 시 같지 않은, 구호나 다름없는 민중시가 구미에 안 맞아 세월의 한 쪽에서 나는 쓸쓸히 시인이라면 사랑을 노래한 시집도 가져야 된다는 생각이 들어 순수한 사랑시를 쓰기 시작했었다. 『설연집』이 바로 그 시절의 산물이다. 그래서 나는 내 여러 권의 시집 중에 이 시집에 대한 애착도 유다르다. 이렇게 대학에서 시를 가르치면서 많이는 힘들었지만 그러므로 환경적인 면에서 은연중 내 뼈가 굳어진 강원도의 토착적인 정서 같은 것이 첫 시집인 『사행시초』에는 배어 있지 않나 싶다. 젊음이 아니었으면 이리 당당히 겁도 없이 노래할 수 있었으랴. 하지만 지난날의 내 사행시를 보며 만든 이번 시에 대한 발상이 왜 이렇게 나왔는지 나는 모른다. 모르면서 첫 시집 『사행시초』처럼 이번 『사행시초 2』도 지나갈 수밖에 없다. 만일 내 나이가 엉뚱하게도 지금보다 한 50년쯤 더 산다면 이 두 번째 시집 『사행시초 2』를 가지고 세 번째 시집 『사행시초 3』을 만들 것이다. 여러분들에게 지키지 못할 약속이니까 말씀드리는 것이다. 이 시집이 『사행시초』를 대비한 것으로는 마지막이라는 뜻이다.

젊은 날에 쓴 사행시를 시집의 편집상 앞에 놓느냐 요즈음 쓴 것을 앞으로 하느냐 고민이 많았다. 어느 것을 앞에 놓아도 읽는데 큰 불편은 없겠으나 새로운 사행시들을 제목을 달아서 앞에 놓기로 하였다. 신작이니까 신작의 대우를 해주고 싶었다고나 할까. 그리고 이 신작들은 어디에도 한 편 발표된 적이 없는 것들이다. 처음의 사행시와 대비하여 보아야 하기 때문에 홀로 발표한다는 것이 큰 의미가 없어서다. 첫 시집에 수록된 사행시들은 속어, 비어, 강원도 사투리 등이 많이 거칠게 나타나 있다. 하지만 맞춤법 틀린 것 몇 개 잡고는 모두 그대로 두었다. 이제 와 다시 손댄다면 기념시집으로 대비해 보는 의미가 사라지기 때문이다. 나로서는 참으로 긴 세월이 흐른 후에 첫 시집을 다시 꼼꼼히 읽어본 셈이다. 신작 사행시들은 구작과 대비했다고는 하나 반드시 그런 것이라 하기 어렵다. 시적 발상이 구작과는 동떨어진 것들이 많기 때문이다. 아니 되도록이면 구작 시편들과 관련이 있으면서 편편 독립된 사행시로서의 맛과 생명력을 지닐 수 있도록 힘썼다. 나는 이 나이에 이르러서야 겨우 구상 화가들이 그린 그림이 더러는 추상으로 자연히 옮겨지는 과정을 이해한다. 창작이란 때로는 자기의 생각과는 엉뚱한 방향으로 흘러가는 것이 아닌가. 다 완결하고 훑어보니 세상을 먼저 뜬 아내와의 삶의 때가 묻은 시가 적지 않았다. 「사행시초」로 등단할 때는 신혼(1968년 결혼) 무렵이었는데 『사행시초 2』를 내는 이 시점(2015년)은 혼자이니 자연히 그 심정이 의식치 않아도 드러나지 않을 수 없었을 것이다.

아무튼 주사위는 이미 던져졌다. 루비콘 강을 건너느냐 마느냐는 의미가 없어졌다. 시집을 내면서 처음으로 많은 분들의 질정을 바란다고 쓴다. 「사행시초」를 쓸 무렵에는 한 번 쓰면 별 고치는 것 없이 그대로 잡지 등에 발표했는데 이번에는 시를 고치고 또 고쳐도 마음에 안 차는 것이 여러 편이다.

어느 정도 짐작은 하고 있었지만 늙은 나이에 쓰는 시라 감정이 메말라서인지 서정이 제대로 살아나지 않고 살아온 경험에서 우러나온 것들이 많다. 시란 젊었을 때는 시즉절詩卽切인 감각과 서정으로 썼지만 늙으니 그게 잘 안 된다. 젊은 날로 마음은 돌아가고 싶지만 안 되는 자신의 절망을 본다. 그 좌절에는 젊은 날보다 더 서정적이고 싶은 내 자신의 무모한 욕심이 내재되어 있는지 모른다. 그것마저 없었으면 이 작업을 어이 할 수 있었으랴. 하지만 늙으면 체념할 줄 아는 것도 배워야 한다. 그 체념의 바탕이 되어 현재의 내 감정을 있는 그대로 드러내자고 하였다. 이 시집은 그 경험되어진 것들의 순수한 산물이다. 또 사족처럼 덧붙인다면 시집의 분량도 두 권 시집의 양이니 이 또한 기념이 아니겠는가. 시를 쓰며 건너온 세월이 그저 고맙고 감사하여 생전의 어머니처럼 겸허히 두 손을 모은다.

■ 문학 연보 및 약력

1941년 11월 19일 강원도 주문진 출생. 부 강태갑, 모 엄춘임. 5형제 중 3남. 호 水兄, 老平, 果山.

1959년 제5회 전국 문예작품모집(학도주보주최) 평론부 가작

1960년 제4회 전국고교문예작품모집(고려대학)시부 3석, 평론부 3석.

1961년 강릉 청탑 다방에서 강우식개인시화전 개최.

1962년 성균관대학교 시동인 〈지하시〉 창립 회원.

(강재원, 김준식, 남윤성, 윤태수, 이대녕, 이석, 정재호, 한무)

1963년 제2회 성대문학상시부문 당선.

〈현대문학〉 송년호에 시 「박꽃」, 「사행시초」 1회 추천.

1965년 〈현대문학〉 5월호에 시 「사행시초」 2회 추천.

1965년 성균관대학교 문과대학 국문학과 졸업.

(주문진 초등학교, 주문진중학교, 주문진 수산고등학교 졸업)

1966년 육군 자원입대. 군번 11478104. 군 입대중 시 「사행시초」 3회 추천완료. 등단.

1968년 육군병장 만기제대. 도서출판 어문각 입사. 그 후 20여년을 삼성출판사, 현암사, 동서문화사, 갑인출판사, 문학예술사 등등 편집부장, 주간으로 전전.

김일지와 종로 예식장에서 결혼.(주례 서정주)

1972년 박제천 주재 〈시법〉 동인 가담.

1973년 〈목마시대〉 동인가담(이석, 정공채, 허유, 이경수, 이추림 등).

1974년 첫 시집 『사행시초』(현암사) 출간.

한국일보 13층 송현 그릴에서 출판기념회 가짐.

1975년 제20회 〈현대문학〉 신인상 수상. 자유문인실천협회 발기인 참가.

동아일보 광고탄압 항의 광고게재(김용성, 김원일, 신중신, 양문길, 최범서)

1976년 시인 김광협 주재 〈시문장〉 창립동인 가담.

1977년 시집『고려의 눈보라』(창작과 비평) 출간.

수필집『통금속의 사연들』(배재서관) 출간.

시화집『세계명시에의 초대』전6권 강우식 편저(현암사) 출간.

1978년 동아일보 '대중문화의 스타들'에 영화배우 김자옥론 게재.

1979년 제4차 세계시인대회 한국시 낭송회 자작시 낭송.(한국국제문화협회 주최. 그 때는 국제펜클럽 한국지부를 이렇게 지칭한 것 같음.)

시집『꽃을 꺾기 시작하면서』(문학예술사) 출간.

1980년『한국의 그림이야기』(김철순 공저. 계몽사) 출간.

시극 동인 현대시를 위한 실험무대 가담.

허규 연출 시극 〈벌거숭이 방문〉(민예극단)공연

1981년 〈월간 조선〉에 '대중문화의 우상 허상'에 영화배우 장미희론 게재.

〈주부생활〉에 '파리의 자유' 영화배우 윤정희론 게재.

1982년『시창작법』(서정주, 조지훈, 박목월, 강우식 공저. 예지각) 출간.

중화민국, 일본, 대한민국 3개국 제1차 현대시인회의 참가.

(김광림 단장. 대만개최)

1983년 시극집『벌거숭이방문』(문장사) 출간. 시극「들입날출」도 함께 수록.

시론집『육감과 혼』(민족문화사) 출간.

시동인 손과손가락 창립동인 가담(이탄, 이영걸, 김원호, 박제천. 김종철)

1984년 한양대학교 대학원 국어국문학석사 취득.

정부지원 문인해외시찰 일원으로 유럽각국방문.

1985년 작품「파도조」로 제15회 한국시인협회상 수상.

1986년 시집『물의 혼』(예전사) 출간.

시론집『현대시의 존재성 연구』(성균관대출판부) 출간.

1987년 제6회 한국펜문학상 시부문 수상.

성균관대학교 대학원 문학박사 학위 취득(논문「한국현대시의 상징성연구」)

시에세이집『지상에서 아름다운 사랑이여』(우석) 출간.

1988년 시집『설연집』(청맥) 출간.『시창작강의』(박제천, 강우식 공저. 작가정신) 출간.

수필집『사랑을 찾아서』(해문출판사) 출간

『우리문화의 길잡이』(최승범, 강우식 공저. 고려원) 출간.

『시창작방법론』(박제천, 강우식 공저, 작가정신) 출간.

문학아카데미 초대 의장 추대. 성균관대학교 시학교수 취임.

1991년 시론집『절망과 구원의 시학』(둥지) 출간-문화체육부추천도서.

1994년『세계명시를 찾아서』(문학아카데미) 출간-청소년추천도서.

『시를 어떻게 쓸 것인가』(문학아카데미) 출간-문화체육부추천도서.

『문학개론』(윤병로, 조건상, 강우식 공저, 성균관대 출판부) 출간

1995년 시집『어머니의 물감상자』(창작과비평)-문화체육부추천도서

1997년 제8회 성균문학상 수상.〈문학과창작〉주간.

1999년 시집『바보산수』(문학아카데미)-문예진흥원우수도서.

시론집『한국상징주의시연구』(문학아카데미)출간.

2000년 제34회 월탄문학상 수상.

2001년 고은의 스승비판 '미당담론'(창작과 비평 게재)에 대한 반론

'미당담론에 대한 비판'〈문학과창작〉에 집필.

영동고속도로개통기념시비「길은 초지일관이다」강릉휴게소에 제막.

2004년 시집『바보산수 가을 봄』(고요아침) 출간.

시론집『한국분단시연구』(한국문화사) 출간.

2006년 위암 수술.

2007년 성균관대학교시학교수 정년퇴직.

정년기념식에서 시를 가르친 제자들이 갹출해 만든

『강우식시전집』 및 『강우식의 문학세계』(고요아침)받음.

2008년 시집 『별』(연인) 출간.

2009년 아내 김일지와 사별. 망극의 슬픔을 달래며 그녀를 바이칼호수에 수장하는 장시 「바이칼」(문학과창작)을 발표.

2010년 시집 『종이학』(문학아카데미) 출간-문화부 추천도서.

150인 초청 밸리춤 공연의 『종이학』 출판기념회 명보성에서 가짐.

제8회 화천비목콩쿨에서 「눈이 내리면」 성악부문 2위 입상.

2011년 중학국어교과서에 시 「어머니의 물감상자」 게재.

창작시노래한마당 제3집CD 〈어머니의 물감상자〉 제작 발매.

시 「작별」, 「그리움」도 작곡됨.

2012년 영역시집 『poems of 3 modern korean poets』

(고창수, 박제천, 강우식공저, 문학아카데미) 출간.

2013년 2행시집 『살아가는 슬픔, 벽』(고요아침) 출간.

제29회 윤동주문학상 수상.

2014년 연작장시집 『마추픽추』(리토피아) 출간.

100인 초청 꽃 한 송이 『마추픽추』 출판기념회 동보성에서 가짐.

제5회 김만중문학상 대상 수상. 제1회 북한인권문학상 심사위원장.

『마추픽추』-세종문화도서 선정.

〈2014 시인들이 뽑는 좋은시〉(박제천, 강우식 편저)-세종문화도서 선정.

영역합동시집 『paper cranes』(종이학) 출간(문학아카데미).

2015년 시력50년기념시집 『사행시초 2』 출간(고요아침).

현재 계간 〈문학과창작〉 편집고문. 계간 〈열린시학〉 편집고문.

월간 〈조선문학〉 편집위원.

한국문인협회 자문위원. 국제펜클럽한국본부 자문위원.

| 강우식 시력 50주년 기념시집 |

사행시초 2

초판 1쇄 인쇄일 · 2015년 04월 20일
초판 1쇄 발행일 · 2015년 04월 30일

지은이 | 강우식
펴낸이 | 노정자
펴낸곳 | 도서출판 고요아침
편   집 | 박은정 김남규

출판 등록 2002년 8월 1일 제 1-3094호
120-814 서울시 서대문구 증가로 29길 12-27 102호
전화 | 302-3194~5
팩스 | 302-3198
E-mail | goyoachim@hanmail.net
홈페이지 | www.goyoachim.net

ISBN 978-89-6039-704-0(03810)

* 책 가격은 뒤표지에 표시되어 있습니다.
* 지은이와 협의에 의해 인지는 생략합니다.
* 잘못된 책은 교환해 드립니다.

ⓒ 강우식, 2015